CATALOGUE
DES
TABLEAUX
DU CABINET
DE M. CROZAT,
BARON DE THIERS.

A PARIS,
Chez DE BURE l'Aîné, Quai des Auguſtins, du côté du Pont S. Michel, à S. Paul.

M. DCC. LV.

On avertit une fois pour toutes, que lorſqu'on ſe ſervira dans cette Deſcription des expreſſions à droite & à gauche, *ce ſera toujours relativement à la poſition de celui qui regarde l'objet.*

PREMIÉRE PIÉCE

DE L'APPARTEMENT

AU RÈS DE CHAUSSÉE

Sur le Jardin.

A droite en entrant,

UN grand Dessein fait à la plume sur du Vélin, par *Henri Goltzius*, célébre Graveur, qui y est représenté donnant ses Burins à l'Amour pour leur donner la trempe; & il y a outre cela exprimé l'Alliance de Vénus avec Cerès & Bacchus: *sur Vélin, de 6 pieds 8 pouces de haut, sur 5 pieds de large.*

En approchant de la Cheminée, S. Sébastien; par LÉONARD DE VINICI: *peint sur bois, de 5 pieds 10 pouces de haut, sur 3 pieds 11 pouces de large.*

A gauche de la Cheminée, un Tableau représentant une Femme appuyée sur une tête de Mort; par un Maître Italien: *sur bois, de 3 pieds 8 pouces de haut, ſur 2 pieds 6 pouces de large.*

Jeſus-Chriſt portant ſa Croix, en demi-figure; par un Maître Italien: *ſur toile, de 2 pieds 8 pouces de haut, ſur 2 pieds 2 pouces de large.*

A droite de la porte qui donne dans l'Appartement, la Sainte Famille, accompagnée de S. Michel & de S. François adorant l'Enfant Jeſus; par *Alexandre* TIARINI: *ſur toile, de 6 pieds 10 pouces de haut, ſur 4 pieds 5 pouces de large.*

A gauche de la même porte, le S. Eſprit deſcendant ſur les Apôtres en forme de Langues de Feu, le jour de la Pentecôte; par *Gaudentio* FERRARI. Il y en a une Eſtampe gravée dans le Recueil publié par les ſoins de M. Crozat: *ſur bois, de 8 pieds 2 pouces de haut, ſur 5 pieds 5 pouces de large.*

SECONDE PIÉCE DE L'APPARTEMENT AU RÈS DE CHAUSSÉE.

A droite en entrant, & dans la partie la plus voisine du Plafond,

DEUX Portraits, dont l'un jusqu'aux genoux est celui d'un Médecin vêtu de noir, & vû de trois quarts, une main appuyée sur le bras d'un Fauteuil; par *Antoine* VAN-DYCK. Il a été gravé en maniére noire par Barras: *sur toile, de 3 pieds 1 pouce de haut, sur 2 pieds 7 pouces de large.*

L'autre est un Portrait jusqu'aux genoux d'un Vieillard avec barbe blanche, tenant un papier de Musique; par *Antoine* MORE: *sur toile, de 3 pieds 2 pouces de haut, sur 2 pieds 7 pouces de large.*

Au-dessous de ces deux Portraits, trois Tableaux sur la même ligne. Le Tableau près la Fenêtre représente en demi-figure le Jugement de la Femme adultere; par le PORDENON: *sur toile, de 2 pieds 5 pouces de haut, sur 2 pieds 1 pouce de large.*

Celui du milieu, Notre-Dame du Rosaire ; par LANFRANC : *sur toile, de 2 pieds de haut, sur 18 pouces de large.*

Le troisiéme, la Sainte Vierge & l'Enfant Jesus tenant un Oiseau, accompagnés de S. Charles en habit de Cardinal, ayant les mains jointes, toutes demi-figures ; par LE SCHEDON : *sur toile, de 2 pieds 5 pouces de haut, sur 2 pieds 1 pouce de large.*

Plus bas, trois Tableaux sur la même ligne. Le Tableau près la Fenêtre représente Céphale & Procris dans un Paysage ; de *Paul* BRIL : *sur toile, de 16 pouces de haut, sur 22 pouces de large.*

Celui du milieu, un Paysage où est représentée la vûe de *Pontemole;* par un Peintre de l'Ecole des Carraches : *sur toile, de 16 pouces de haut, sur 23 pouces de large.*

Le troisiéme représente un Bain de Nymphes ; par JULE-ROMAIN. Il est gravé dans le Recueil d'Estampes publié par les soins de M. Crozat : *sur bois, d'un pied 4 pouces de haut, sur 1 pied 7 pouces de large.*

A gauche de la porte, dans la partie supérieure, deux Portraits, dont l'un jusqu'aux genoux, d'un Vieillard avec une Fraise ; par *Jacques* JORDAENS : *sur bois, de 3 pieds 7 pouces de haut, sur 2 pieds 8 pouces de large.*

L'autre pareillement jusqu'aux genoux est celui d'un jeune Homme ayant les cheveux blonds, & la main appuyée sur le piédestal d'une Colonne; & c'est le portrait de VAN-DYCK, peint par lui-même. On en a une Estampe gravée en maniére noire par Van-Brugen : *sur toile, de 3 pieds 2 pouces de haut, sur 2 pieds 10 pouces de large.*

Au-dessous, dans le milieu, une Servante s'appuyant sur son Balai, & regardant fixement les Spectateurs : Tableau connu sous le nom de la Balayeuse; de REMBRANDT: *sur toile, de 3 pieds 2 pouces de haut, sur 2 pieds 8 pouces de large.*

A la droite de ce Tableau, Sainte Claire considérant l'Enfant Jesus, que la Vierge descendue du Ciel & accompagnée d'Anges, lui a remis entre les bras; par *Jean-François* BARBIERI, dit LE GUERCHIN: *sur toile, de 17 pouces de haut, sur 13 pouces de large.*

Et au-dessous, un Paysage enrichi de quatre figures: sur le devant est un Ane chargé; par *Paul* BRIL: *sur toile, de 13 pouces de haut, sur 15 pouces de large.*

A la gauche de la Balayeuse, des Enfans nus jouant avec des Chiens; par *Ni-*

colas POUSSIN : *ſur toile, de 2 pieds de haut, ſur 19 pouces de large.*

Au-deſſous, Moyſe ſauvé des Eaux ; par *Philippes* LAUR : *ſur bois, de 13 pouces & demi de haut, ſur 17 pouces de large.*

A la ligne d'enbas, cinq Tableaux, dont celui du milieu repréſente une Chaſſe aux Lions, eſquiſſe ; par RUBENS : *ſur bois, de 16 pouces de haut, ſur 23 pouces de large.*

A ſa droite, un Tableau repréſentant un chevalet de Peintre avec un Portrait deſſus, qui eſt celui d'Annibal Carrache, peint par lui-même : *ſur bois, de 16 pouces de haut, ſur 11 pouces de large.*

Et enſuite, l'Eſquiſſe du Tableau de la Galerie du Luxembourg, repréſentant le Mariage de Henri IV, & de Marie de Médicis accompli à Lyon ; par RUBENS : *ſur bois, de 12 pouces de haut, ſur 9 pouces de large.*

A gauche de la Chaſſe aux Lions, la Réſurrection de Notre-Seigneur ; par le MASTELLETTA, de Bologne : *ſur cuivre, de 16 pouces de haut, ſur 12 pouces de large.*

Plus loin, un Tableau repréſentant l'accouchement de la Reine Marie de Médicis ;

Esquisse en grisaille, pour la Galerie du Luxembourg; par RUBENS: *sur bois, de 12 pouces de haut, sur 9 pouces de large.*

En face des Fenêtres, à gauche de la Cheminée, le Portrait d'un Homme coëffé d'un chapeau & vêtu d'un habit brun, avec un rabat, feuilletant un Livre posé sur une table couverte d'un tapis; par REMBRANDT: *sur toile, de 4 pieds de haut, sur 2 pieds 2 pouces de large.*

Au-dessous, un Paysage, dans lequel est représenté le Jugement de Marsias; par *Claude* GELÉE, dit LE LORRAIN: *sur toile, de 3 pieds 2 pouces de haut, sur 4 pieds 1 pouce de large.*

A droite de la Cheminée, une Femme assise dans un Fauteuil, ayant à côté d'elle une Table couverte d'un Tapis; par REMBRANDT: *sur toile, de 3 pieds 10 pouces de haut, sur 3 pieds 4 pouces de large.*

Au-dessous, une Bataille; par *Sebastien* BOURDON, dans la maniére du Bourguignon: *sur toile, de 3 pieds de haut, sur 4 pieds 2 pouces de large.*

En face de la Porte d'entrée, dans la partie à gauche, deux Portraits jusqu'aux genoux, dont l'un représente un Homme vêtu de noir appuyé contre une Colonne, qui eſt le Portrait d'Evrard Jabach, célébre Curieux; par VANDYCK: *ſur toile, de 3 pieds 5 pouces de haut, ſur 2 pieds 9 pouces de large.*

L'autre, une Femme vêtue d'une Robe de drap d'or, tenant un Mouchoir d'une main, & de l'autre un petit Chien; par *Frederic* BAROCHE: *ſur toile, de 3 pieds 5 pouces de haut, ſur 2 pieds 9 pouces de large.*

Dans le milieu, la Sainte Vierge drapée de rouge, tenant l'Enfant Jeſus qu'un Vieillard vêtu de noir avec un rabat, & une vieille Femme auſſi vêtue de noir, conſidérent avec autant d'attention que de reſpect, toutes demi-figures; par *Jacques* VAN-OOST: *ſur toile, de 3 pieds* 10 *pouces de haut, ſur 3 pieds de large.*

A droite de ce Tableau, trois autres, dont le plus élevé eſt en ovale, & repréſente la Sainte Vierge avec un Manteau bleu, en Buſte; par *Alexandre* VERONESE: *ſur bois, de 9 pouces de haut, ſur 7 pouces de large.*

Au-deſſous, une Sainte Agathe tenant une Palme à la main droite, & de la gauche une Soucoupe, demi-figure; par un Maître Italien imitateur du Parmesan: *sur ardoise, de 17 pouces de haut, sur 12 pouces de large.*

Plus bas, Notre-Seigneur au Sépulcre pleuré par les Maries, esquisse en grisaille; par VANDYCK: *sur bois, de 14 pouces de haut, sur 12 pouces de large.*

A gauche du Tableau de la Vierge de Van-Oost, trois Tableaux l'un sur l'autre. Celui d'en haut est en rond, & représente un homme vû de profil, avec un collet & les cheveux courts. C'est le Portrait d'Abraham Ortelius, célèbre Géographe; peint par POURBUS: *sur bois, de 8 pouces de haut, sur 8 pouces de large.*

Au-dessous, une Sainte Solitaire à genoux, considérant une Tête de Mort & un Crucifix; par LE PARMESAN: *sur bois, de 16 pouces de haut, sur 12 pouces de large.*

Plus bas, un Tableau représentant plusieurs Martyrs entre les mains des Bourreaux, esquisse en grisaille; de VANDYCK: *sur toile, de 18 pouces de haut, sur 13 pouces de large.*

En face de la Porte d'entrée, en approchant des Fenêtres, dans la partie supérieure, deux Portraits jusqu'aux genoux, dont l'un d'un homme avec un Manteau & une Fraiſe, ayant les cheveux courts; par RUBENS: *ſur toile, de 3 pieds 9 pouces de haut, ſur 2 pieds 8 pouces de large.*

L'autre, d'une Femme avec une Fraiſe, & tenant un Gand; par RUBENS: *ſur toile, de 3 pieds 9 pouces de haut, ſur 2 pieds 9 pouces de large.*

Au-deſſous, deux Tableaux, dont celui le plus voiſin de la Fenêtre, repréſente S. Joſeph avec la Sainte Vierge tenant l'Enfant Jeſus debout, demi-figures; par LE SCHEDON: *ſur toile, de 2 pieds 9 pouces de haut, ſur 2 pieds de large.*

L'autre, la Sainte Vierge avec l'Enfant Jeſus & Saint Jean jouant enſemble, demi-figures; par LE GUERCHIN: *ſur toile, de 2 pieds 9 pouces de haut, ſur 2 pieds de large.*

Au-deſſous, cinq Tableaux ſur une même file. Celui du milieu repréſente Saint Pierre de l'Ordre de Saint Dominique, martyriſé par les Albigeois, dans un beau Payſage; par le Pere *Guillaume* COURTOIS Jéſuite, dit LE BOURGUIGNON: *ſur toile, d'un pied & demi de haut, ſur 2 pieds de large.*

A ſa droite, l'Enfant Jeſus environné de Chérubins, foulant une Tête de Mort; par

Elisabeth SIRANI : *sur cuivre, de 13 pouces de haut, sur 9 pouces de large.*

Et ensuite, Marie de Médicis, sous la figure de Minerve, esquisse en grisaille pour la Galerie du Luxembourg ; par RUBENS : *sur bois, de 8 pouces & demi de haut, sur 5 pouces & demi de large.*

A gauche du Tableau du milieu, la Magdelaine Pénitente ; par *Benedetto* LUTI. Il a été gravé dans le Recueil des Estampes publié par les soins de M. Crozat : *sur toile, de 18 pouces de haut, sur 13 pouces & demi de large.*

Plus loin, Tableau représentant une jeune Fille, qui fuit devant un homme cuirassé qui la poursuit ; par LE GIORGION : *sur bois, de 6 pouces & demi de haut, sur 5 pouces de large.*

Sur la Porte par laquelle on est entré dans cette seconde Piéce, des Soldats jouans aux dez, dans un Paysage ; par *Salvator* ROSA : *sur toile, de 2 pieds & demi de haut, sur 23 pouces de large.*

Sur la Porte par laquelle on passe dans la troisiéme Piéce, une Charité Romaine ; par *Charles* LOTH : *sur toile, de 2 pieds 10 pouces de haut, sur 3 pouces & demi de large.*

TROISIÉME PIÉCE DE L'APPARTEMENT AU RÈS DE CHAUSSÉE,

Et dans la partie Supérieure.

A droite en entrant,

NOTRE-Seigneur apparoissant à l'Apôtre S. Thomas, & le guérissant de son incrédulité, demi-figures; par *Antoine* VAN-DYCK: *sur toile, de 4 pieds 6 pouces de haut, sur 3 pieds 5 pouces de large.*

Au dessous, & pareillement dans le milieu, une Vierge tenant un Livre d'une main, & découvrant de l'autre l'Enfant Jesus dormant dans un berceau; par REMBRANDT: *sur toile, de 3 pieds 5 pouces de haut, sur 2 pieds 8 pouces de large.*

Aux côtés de ces deux Tableaux, quatre autres à droite, dont le premier & le plus élevé est le Buste d'un Vieillard, ayant la tête chauve & tenant un Livre fermé; par *Simon* CANTARINI *dit le* PESARESE: *sur toile, de 2 pieds de haut, sur 18 pouces de large.*

Ensuite, Rachel donnant de l'eau pour abbreuver les troupeaux de Jacob ; par *Sébastien* RICCI : *sur toile*, *de 2 pieds & demi de haut*, *sur 21 pouces de large.*

Au dessous, un repos en Egypte, Tableau de forme ronde ; par *Annibal* CARRACHE : il y en a une Estampe gravée par François de Poilly : *sur toile*, *de 2 pieds 5 pouces de haut*, *sur 2 pieds 5 pouces de large.*

Plus bas, une Samaritaine, Esquisse ; par *Dominique* GABBIANI : *sur toile*, *de 13 pouces de haut*, *sur 16 pouces de large.*

A la gauche des deux Tableaux de VANDYCK & de REMBRANDT, quatre Tableaux, dont celui d'en haut est le portrait d'un homme vêtu de noir, ayant les cheveux courts & la barbe noire ; par LE TITIEN : *sur toile*, *de 23 pouces de haut*, *sur 18 pouces de large.*

Au dessous, la Sainte Vierge se reposant dans un Paysage ; par DE SONS : *de 2 pieds 3 pouces de haut*, *sur 17 de large.*

Ensuite, la Sainte Vierge accompagnée de l'Enfant Jesus, & des saints Patrons de la Ville de Parme, recevant les hommages de cette Ville ; Tableau dans la manière du CORREGE, & qui a été fait par un de ses Éleves :

Éleves : *ſur toile, de 2 pieds 4 pouces de haut, ſur 22 pouces de large.*

Plus bas, S. Laurent ſur le gril environné de pluſieurs Soldats ; par le Chevalier LANFRANC : *ſur cuivre, de 10 pouces de haut, ſur 13 pouces de large.*

En tournant à gauche de la porte d'entrée, & dans le milieu, le Chriſt mort dans le Sépulchre, ſoutenu par la Vierge & accompagné d'un Ange ; par *Paul* VERONESE : on en a deux Eſtampes, l'une d'*Auguſtin Carrache*, & la ſeconde qui ſe trouve dans le Recueil publié par M. Crozat : *ſur toile, de 4 pieds & demi de haut, ſur 3 pieds 5 pouces de large.*

Au deſſous, une vieille Femme faiſant lire un Enfant, demi-figure ; par REMBRANDT : *ſur toile, de 3 pieds 6 pouces de haut, ſur 2 pieds 9 pouces de large.*

A droite des deux précédens Tableaux, quatre plus petits l'un ſur l'autre, dont celui d'en haut eſt un Deſſein au crayon noir, repréſentant une Tête de Vieillard qui regarde en bas ; par RUBENS : *de 22 pouces de haut, ſur 18 pouces de large.*

Au deſſous, Saint Roch dans la priſon, accompagné d'un Saint Évêque & de Saint

Sébaſtien nud attaché à une colonne ; étude de *Jacques* BASSAN : *ſur toile, de 21 pouces de haut, ſur 16 pouces de large.*

Enſuite, une Vierge donnant à tetter à l'Enfant Jeſus couché ſur un carreau verd, demi-figure ; par *André* SOLARIO : *ſur bois, de 2 pieds de haut, ſur 17 pouces de large.*

Plus bas, un Cavalier ſuivi de trois Hommes portant des flambeaux, ſe retirant dans une caverne, où s'eſt refugiée une troupe de voleurs ; par *Auguſtin* TASSI : *ſur ardoiſe, de 10 pouces de haut, ſur 19 pouces de large.*

A la gauche des Tableaux de Paul Véroneſe & de Rembrandt, le Carton original ou l'Étude au paſtel de la tête de la Sainte Vierge, que LE CORREGE avoit peinte dans la tribune de l'Égliſe de S. Jean à Parme : *de 22 pouces de haut, ſur 18 pouces de large.*

Au deſſous, la Madelaine enlevée au Ciel ; par LANFRANC : *ſur toile, de 2 pieds de haut, ſur 18 pouces de large.*

Enſuite, un Martyr refuſant de ſacrifier aux Idoles ; Eſquiſſe d'un des Éleves de RUBENS : *ſur bois, de 26 pouces de haut, ſur 20 pouces de large.*

Et plus bas, un Tableau repréſentant une Nuit: on y voit un Homme qui tient un cheval d'une main & de l'autre un flambeau, & deux Soldats qui ſoutiennent un Homme bleſſé; d'*Auguſtin* TASSI : *ſur ardoiſe, de* 10 *pouces de haut, ſur* 19 *pouces de large.*

Dans une niche à droite de la cheminée, en haut, l'intérieur de la Sainte Vierge, demi-figure; par LE FETI. Elle a été gravée dans le Recueil de M. Crozat: *ſur toile, de* 3 *pieds* 8 *pouces de haut, ſur* 2 *pieds* 10 *pouces de large.*

Au deſſous, l'Enfant Jeſus adoré par les Bergers : petit Tableau du grand qui eſt à Rome dans la Galerie du Palais de Monte Cavallo; par *Carle* MARATTE: M. Crozat l'a fait graver dans le Recueil qu'il a publié.

Dans la niche à gauche de la cheminée, une Femme nue ſortant du Bain, demi-figure; par LE TINTORET : *ſur toile, de* 3 *pieds* 7 *pouces de haut, ſur* 3 *pouces de large.*

Au deſſous, la Réception de Notre-Seigneur chez Marthe & Marie; Tableau de *Jacques* BASSAN. Il a été gravé par Sadeler : *ſur toile, de* 2 *pieds* 4 *pouces de haut, ſur 3 pieds 4 pouces de large.*

A gauche de la porte par laquelle on entre dans la troiſiéme Chambre, un grand Tableau repréſentant la Naiſſance de Saint Jean-Baptiſte; du TINTORET : on en a l'Eſtampe dans le Recueil publié par les ſoins de M. Crozat : *ſur toile, de 5 pieds 6 pouces de haut, ſur 8 pieds 1 pouce de large.*

Au deſſous, dans le milieu, un Vieillard achetant les faveurs d'une jeune Femme, qui comme lui eſt en demi-figure, & qui tient un globe de verre auquel ſont attachées deux aîles, ce qui peut être un Emblême de l'inconſtance & de la fragilité de l'Amour; Tableau DU TITIEN : *ſur toile, de 2 pieds 3 pouces de haut, ſur 2 pieds 9 pouces de large.*

A droite de ce Tableau, Marſias écorché par Apollon; Tableau de *Paul* VERONESE, dont on a une Eſtampe dans le Recueil de M. Crozat : *ſur toile, de 19 pouces de haut, ſur 25 pouces de large.*

Au deſſous, dans le milieu, deux petits Tableaux, l'un repréſentant une Sainte Vierge tenant l'Enfant Jeſus, Sainte Cathérine & un Ange jouant du violon; par LE PROCACCINI : *ſur bois, d'un pied de haut, ſur 9 pouces de large.*

L'autre, une Sainte Vierge tenant l'Enfant Jesus avec un petit Saint Jean, une Sainte Catherine & un Saint François; par le Chevalier VANNI : *sur cuivre, de 12 pouces de haut, sur 9 pouces de large.*

A la gauche du grand Tableau du Titien, la Félicité du régne de Jacques I. Roi de la Grande-Bretagne, traitée allégoriquement; Esquisse de RUBENS, pour le grand Tableau qu'il a peint dans le plafond de la Salle des Banquets au Palais de Withal à Londres : *sur bois, de 24 pouces de haut, sur 18 pouces de large.*

Au dessous, deux petits Tableaux, dont l'un est la Vision d'Ezechiel; par LE CORREGE : *sur bois, de 11 pouces de haut, sur 8 pouces de large.*

L'autre, la Sainte Vierge sur un nuage tenant l'Enfant Jesus, à qui une Sainte Religieuse accompagnée de Saint Dominique présente une Couronne d'épines, & reçoit en échange une Couronne de Gloire; par *Philippe* LAUR : *sur bois, de 11 pouces de haut, sur 9 pouces de large.*

En face de la porte d'entrée, & du côté des fenêtres, Notre-Seigneur chassant les Marchands du Temple, grand Tableau; par LE

VALENTIN : *sur toile, de 5 pieds 6 pouces de haut, sur 8 pieds de large.*

Au dessous, dans le milieu, la Sainte Vierge & l'Enfant Jesus, à qui un Noble Vénitien vient rendre ses hommages, demi-figures ; par LE TITIEN : *sur toile, de 2 pieds 7 pouces de haut, sur 2 pieds 10 pouces de large.*

A droite, un Roi assis sur son Trône, recevant les excuses d'un jeune Homme qui refuse de tirer une flèche & de percer le corps mort de son Pere, tandis qu'un prétendu Frere n'en fait aucune difficulté, & apprend au Prince par cet acte d'inhumanité qu'il n'est point Fils du mort, & qu'il ne doit avoir aucune part à sa succession ; par un Peintre de l'École de Boulogne : *sur bois, d'un pied 1 pouce de haut, sur 1 pied & demi de large.*

Au dessous, la Création d'Éve ; par JULE-ROMAIN. Il a été gravé dans le Recueil de M. Crozat : *sur bois, d'un pied 1 pouce de haut, sur 11 pouces de large.*

A gauche du Tableau de la Vierge du Titien, le Baptême de Notre-Seigneur ; par *Alexandre* VERONESE : *sur cuivre, d'un pied 7 pouces de haut, sur 2 pieds de large.*

Au deſſous, deux petits Tableaux, l'un repréſentant un Chriſt attaché ſur la Croix; Eſquiſſe de *Paul* VERONESE, qui a été gravée par Brebiette : *ſur bois, de 9 pouces de haut, ſur 8 pouces de large.*

L'autre, un Chriſt entre les mains des Maries; Eſquiſſe de *Valerio* CASTELLI : *ſur bois, de 10 pouces de haut, ſur 8 pouces de large.*

Sur la porte par laquelle on eſt entré dans cette piéce, un Sacrifice antique; par SALVIATI : *ſur bois, de 3 pieds 4 pouces de haut, ſur 4 pieds 4 pouces de large.*

Au deſſus de la porte par laquelle on paſſe de la troiſiéme Chambre à la quatriéme, Notre-Seigneur couronné d'épines & inſulté par les Juifs; par *Jacques* BASSAN : *ſur toile, de 2 pieds 4 pouces de haut, ſur 2 pieds & demi de large.*

QUATRIÉME PIÉCE DE L'APPARTEMENT AU RÈS DE CHAUSSÉE.

A droite, en entrant dans la Partie la plus voisine du plafond, & dans le milieu,

LE Portrait du Cardinal Polus jusqu'aux genoux ; par *Raphaël* D'URBIN. Il a été gravé dans le Recueil de M. Crozat : *sur toile, de 3 pieds 5 pouces de haut, sur 2 pieds 9 pouces de large.*

Au dessous, deux Tableaux, dont le plus près de la fenêtre est une Femme représentant la Foi, tenant d'une main une Croix & de l'autre un Calice, demi-figure ; par PARIS BORDONE : *sur bois, de 3 pieds de haut, sur 2 pieds 4 pouces de large.*

L'autre, représentant le Portrait d'une Femme jusqu'aux genoux, coëffée d'une Toque & vêtue d'une Robe d'écarlate ; par *André* DEL SARTE : *sur bois, de 2 pieds 10 pouces de haut, sur 2 pieds de large.*

Dans la ligne d'en bas, & au milieu, le

Dessein de la Bataille de Constantin contre Maxence, sous une glace; par *Raphaël* D'URBIN: *sur papier, de 13 pouces de haut, sur 2 pieds 7 pouces de large.*

A gauche de ce Dessein, près la fenêtre, la Sainte Vierge & l'Enfant Jesus sur un piedestal, environné de Sainte Elisabeth tenant Saint Jean, de Saint Antoine, de Saint Laurent & de Sainte Barbe; par *Louis* CARRACHE: *sur cuivre, de 16 pouces de haut, sur 11 pouces de large.*

De l'autre côté de la Bataille de Constantin, est une Sainte Vierge sur une espéce de trône tenant l'Enfant Jesus; à sa droite est un Saint George debout en cuirasse tenant une lance, à sa gauche un Vieillard drapé de jaune; par LE SCHEDON: *sur bois, de 15 pouces de haut, sur 12 pouces de large.*

A gauche de la porte en entrant, & dans la partie supérieure, le Portrait jusqu'aux genoux d'un jeune homme coeffé d'un chapeau & ayant un rabat; par REMBRANDT: *sur toile, de 3 pieds 5 pouces de haut, sur 2 pieds 10 pouces de large.*

Et David victorieux de Goliath dont il tient la Tête, demi-figure; par LE FETI. On en voit l'Estampe dans le Recueil publié par M. Crozat: *sur toile, de 3 pieds 2 pouces de haut, sur 2 pieds 5 pouces de large.*

Au dessous, dans le milieu, une Sainte Famille, avec un Saint Jérôme; du vieux PALME: *sur toile, de 3 pieds 7 pouces de haut, sur 4 pieds 9 pouces de large.*

Et plus bas, Hercule au Jardin des Hespérides, dans une Frise peinte par LE PORDENON: *sur bois, de 14 pouces de haut, sur 4 pieds 8 pouces de large.*

Dans le milieu, en face des fenêtres, un grand Paysage avec figures représentant Jupiter & Io; d'*André* SCHIAVON: M. Crozat l'a fait graver dans son Recueil: *sur toile, de 11 pouces de haut, sur 9 pouces de large.*

Au dessous, dans le milieu, la Sainte Vierge tenant l'Enfant Jesus debout, avec Saint Pierre & Saint Antoine; par *Jean* BELLIN: *sur bois, de 15 pouces & demi de haut, sur 21 pouces de large.*

A droite, le Martyre de Saint Erasme; par *Pietro* TESTA: *sur bois, d'un pied de haut, sur 9 pouces de large.*

A gauche, Jesus-Christ attaché à la colonne & flagellé; Esquisse du TINTORET:

ſur toile, de 10 pouces & demi de haut, ſur 9 pouces de large.

Au deſſous, & plus bas, Hercule enlevant les troupeaux de Cacus ; autre Friſe du PORDENON : *ſur bois, de 14 pouces de haut, ſur 4 pieds 8 pouces de large.*

A la droite du Tableau de Cacus, un Tableau ovale repréſentant un Buſte de Vieillard vû de profil, drapé de blanc, & tenant un couteau ; de L'ESPAGNOLET. On en a l'Eſtampe dans le Cabinet de M. Daiguilles : *ſur toile, de 2 pieds de haut, ſur un pied & demi de large.*

De l'autre côté de la Friſe du Pordenon, un Tableau ovale, repréſentant un Buſte de Femme ayant les yeux tournés vers le Ciel ; par *Guido* CAGNACCI : *ſur toile, de 2 pieds de haut, ſur un pied & demi de large.*

Sur le pan coupé à droite, en tournant le dos à la fenêtre, dans le haut, un Muſicien tenant un rouleau de papier à la main, demi-figure ; par LE MANFREDI : *ſur toile, de 2 pieds 10 pouces de haut, ſur 2 pieds 3 pouces de large.*

Au deſſous, la Madelaine enlevée au Ciel par les Anges ; du DOMINIQUIN :

ſur toile, de 4 pieds de haut, ſur 3 pieds 3 pouces de large.

Et plus bas, la Sainte Vierge & S. Joſeph en adoration devant l'Enfant Jeſus, dans un Payſage; du GIORGION: *ſur bois, de 18 pouces de haut, ſur 14 pouces de large.*

Au pan coupé à gauche, en tournant encore le dos à la fenêtre, le Buſte d'un Guerrier en cuiraſſe; par *Salvator* ROSA: *ſur toile, de 2 pieds 1 pouce de haut, ſur 21 pouces de large.*

Au deſſous, la Sainte Vierge préſentant l'Enfant Jeſus au Temple; par *François* BASSAN: *ſur toile, de 4 pieds de haut, ſur 2 pieds 10 pouces de large.*

En bas, la Sainte Vierge careſſant l'Enfant Jeſus, avec quelques Anges; par *Camillo* PROCACCINI: *ſur bois, de 19 pouces de haut, ſur 15 pouces de large.*

A gauche de la cheminée, & au haut de la piéce, deux Portraits juſqu'à la ceinture, l'un d'un Comédien la tête découverte, tenant un maſque d'Arlequin; par LE FETI. Il eſt gravé dans le Recueil de M. Crozat: *ſur toile, de 3 pieds 1 pouce de haut, ſur 2 pieds 5 pouces de large.*

L'autre, le Portrait d'un Homme vêtu d'un habit mi-parti de rouge & de jaune, & coeffé d'un bonnet ; du GIORGION : *ſur toile, de* 3 *pieds* 6 *pouces de haut, ſur* 2 *pieds* 10 *pouces de large.*

Au deſſous, la Sainte Vierge en demi-figure, embraſſant l'Enfant Jeſus, auquel font cortége des Anges qui jouent du Luth ; par *Frere Barthelemi de* Saint MARC. On en trouve l'Eſtampe dans le Recueil de M. Crozat : *ſur bois, de* 3 *pieds* 10 *pouces de haut, ſur* 3 *pieds* 10 *pouces de large.*

Plus bas, le Combat d'Hercule contre les Lapithes ; Friſe du PORDENON : *ſur bois, de* 14 *pouces de haut, ſur* 4 *pieds* 8 *pouces de large.*

Au côté droit de la cheminée, en approchant des fenêtres, & dans la partie la plus élevée, le Portrait juſqu'aux genoux d'un Vieillard aſſis, coeffé d'un bonnet avec plume, s'appuyant les deux mains ſur ſa canne ; par REMBRANDT : *ſur toile, de* 3 *pieds* 9 *pouces de haut, ſur* 3 *pieds* 5 *pouces de large.*

Au deſſous, l'Adoration des Mages, par *Paul* VERONESE, gravée dans le Recueil publié par M. Crozat : *ſur toile, de* 3 *pieds* 2 *pouces de haut, ſur 4 pieds 2 pouces de large.*

En bas, trois Tableaux: celui du milieu repréſente la vûe de *Ponterotto* à Rome; par VAN-VITELLI, plus connu ſous le nom de *Gaſparo* degli OCCHIALI: *ſur toile, d'un pied de haut, ſur 2 pieds 5 pouces de large.*

Près de la fenêtre, la Sainte Vierge coeffée d'un chapeau de paille tenant l'Enfant Jeſus, près duquel eſt le jeune Saint Jean avec ſon Agneau, & Saint Joſeph conduiſant un âne; par *Hyppolite* SCARZELLIN de Ferrare: *ſur cuivre, de 13 pouces de haut, ſur 10 pouces de large.*

De l'autre côté, l'Annonciation de la Sainte Vierge; par *Carle* MARATTE. M. Crozat en a donné une Eſtampe dans ſon Recueil: *ſur cuivre, de 14 pouces de haut, ſur 10 pouces de large.*

Sur la cheminée, Jeſus-Chriſt préſenté au Temple par la Sainte Vierge, demi-figure; par *Lorenzo* LOTTI.

Sur la porte en face de la cheminée, deux Buſtes, dont l'un eſt Saint Pierre pleurant ſon péché; par LE GUIDE: *ſur bois, de 2 pieds 4 pouces de haut, ſur 21 pouces de large.*

L'autre, eſt un Saint Jérôme avec cheveux & barbe blanche, une épaule nue, & l'autre couverte d'un manteau rouge, ayant les mains jointes ; du GUIDE : *ſur toile, de 2 pieds 3 pouces de haut, ſur 21 pouces de large.*

Dans le Trumeau entre les fenêtres, le Portrait d'une Femme vêtue de noir, coeffée d'une ſimple cornette, avec une collerette & des manchettes plates ; de REMBRANDT : *ſur toile, de 3 pieds 3 pouces de haut, ſur 2 pieds 7 pouces de large.*

Au deſſous, un Tableau repréſentant des perdrix, des beccaſſines, un coq, &c. par *Ferdinand* BOL, Éleve de REMBRANDT : *ſur toile, de 3 pieds de haut, ſur 2 pieds 6 pouces de large.*

En bas, la Sainte Famille ; d'après LE GUIDE, qui en a donné lui-même une Eſtampe.

ANTICHAMBRE

ANTI-CHAMBRE
DE LA GALERIE.

Sur la porte d'entrée,

SAINTE Élisabeth Reine de Hongrie servant les Malades, & leur portant en secret des rafraîchissemens qui se changent en fleurs; par *Valerio* CASTELLI: *sur toile, de 18 pouces de haut, sur 14 pouces de large.*

Un autre Tableau, représentant la Sainte Vierge & S. Joseph recevant les instructions que leur donne l'Enfant Jesus, demi-figures; par LE BAROCHE: *sur cuivre, de 5 pouces de haut, sur 6 pouces & demi de large.*

En allant vers la cheminée, sur le premier pan coupé à droite en regardant la cheminée, la Sainte Vierge à genoux devant l'Enfant Jesus couché dans la Crèche; par *Frédéric* BAROCHE: *sur toile, de 15 pouces de haut, sur 11 pouces de large.*

Une Sainte Famille, sur un fond d'Architecture en maniére d'Amphithéâtre; par *François* MAZZUOLI, surnommé LE PAR-

MESAN : *ſur ardoiſe, de 16 pouces de haut, ſur 11 pouces & demi de large.*

Sur le pan coupé qui vient enſuite, & qui eſt à gauche de la cheminée, l'Adoration des Bergers ; DU FETI. Il y en a une Eſtampe dans le Recueil de M. Crozat : *ſur bois, de 18 pouces de haut, ſur 13 pouces de large.*

Au deſſous, Notre-Seigneur au Jardin des Olives ; d'*Annibal* CARRACHE : *ſur ardoiſe, de 16 pouces de haut, ſur 13 pouces de large.*

Sur le pan coupé près de la fenêtre, la Sainte Vierge tenant l'Enfant Jeſus, Saint François & le petit Saint Jean, avec une gloire d'Anges ; par *Dominique* RICCI, dit LE BRUSASORCI, Peintre de Vérone : *ſur ardoiſe, de 15 pouces de haut, ſur 8 pouces & demi de large.*

Au deſſous, Saint George monté ſur un cheval blanc ; par *Raphaël* D'URBIN : M. Crozat l'a fait graver dans ſon Recueil. On en avoit déja une Eſtampe gravée par Vorſterman : *ſur bois, de 11 pouces de haut, ſur 8 pouces de large.*

PETIT SALON *de la* GALERIE.

Dans le petit Salon de la Galerie, à droite de la porte d'entrée, Danaë recevant

Jupiter métamorphosé en pluie d'Or; par LE TITIEN. On en a l'Estampe dans le Recueil publié par les soins de M. Crozat: *sur toile, de 5 pieds de haut, sur 5 pieds* 10 *pouces de large.*

Vis-à-vis, le même Sujet; par REMBRANDT: *sur toile, de 6 pieds de haut, sur 6 pieds de large.*

A gauche de la cheminée, une Femme terrassée, & prête à être poignardée par un homme vêtu d'une tunique rayée de rouge & de blanc; premiére pensée DU TITIEN, pour le Tableau qu'il a peint dans l'École de Saint Antoine à Padoue: *sur toile, de* 11 *pouces de haut, sur* 8 *pouces de large.*

Une Sainte Martyre, attendant le coup qui doit lui séparer la tête d'avec le corps; par un des meilleurs Disciples des Carraches, que quelques-uns estiment être LE GUIDE: *sur cuivre, de* 12 *pouces & demi de haut, sur* 17 *pouces de large.*

Un Paysage avec deux figures, dont une coëffée d'un Turban, l'autre drappée de jaune; par LE MOLE: *sur toile, de* 7 *pouces de haut, sur* 11 *pouces de large.*

A droite de la cheminée, un jeune Homme mort, environné de plusieurs figures qui prient Saint Antoine de Padoue de le ressusciter; petit Tableau peint par LE TITIEN, pour parvenir à celui qu'il a exécuté en grand dans l'École de Saint Antoine à Padoue: *sur bois, de 11 pouces de haut, sur 7 pouces & demi de large.*

Prédication de Saint Jean dans le désert; par un des Disciples des Carraches, peut-être LE GUIDE dans sa jeunesse: *sur cuivre, d'un pied de haut, sur 17 pouces de large.*

Un Chasseur se reposant au bord d'une Fontaine avec ses chiens; DU MOLE: *sur toile, de 7 pouces de haut, sur 11 pouces de large.*

A droite de la porte qui donne entrée dans la Galerie, une Bacchante montée sur une chevre, & accompagnée de plusieurs Enfans; par *Nicolas* POUSSIN: *sur toile, de 26 pouces de haut, sur 20 pouces & demi de large.*

Au dessous, un Satyre sur une espéce de trône, recevant des fruits & des animaux de toute espéce qu'on lui présente; par *Benedette* CASTIGLIONE: *sur cuivre, de 19 pouces de haut, sur 2 pieds de large.*

A gauche de ladite porte, un Satyre buvant ; & à côté de lui une Femme nuë tenant un globe de verre ; par *Nicolas* POUSSIN : *sur toile, de 28 pouces de haut, sur 23 pouces de large.*

Au dessous, un Bacchant tenant un violon d'une main, & de l'autre caressant une Bacchante qui tient un tambour de Basque ; par *Benedette* CASTIGLIONE : *sur cuivre, de 17 pouces de haut, sur 2 pieds de large.*

Dans la Galerie, en face des fenêtres, en entrant à droite, & dans le rang le plus voisin du Plafond, un grand Tableau représentant la mort de Didon ; par *Sebastien* BOURDON : *sur toile, de 4 pieds 10 pouces de haut, sur 3 pieds 3 pouces de large.* GALERIE.

En suivant la même ligne, une assemblée de jeunes Filles qui travaillent : Tableau connu sous le nom des *Couseuses* ; DU GUIDE : *sur toile, de 4 pieds 5 pouces de haut, sur 6 pieds 4 pouces de large.*

Silène à qui une Bacchante verse à boire ; par *Pierre-Paul* RUBENS : *sur bois, de 5 pieds 11 pouces de haut, sur 5 pieds de large.*

Le Mariage de Sainte Catherine ; par *Paul* VÉRONESE. M. Crozat en a fait une des Estampes de son Recueil : *sur toile, de 4 pieds 5 pouces de haut, sur 6 pieds 1 pouce de large.*

Darius faisant ouvrir le tombeau de Nitocris, dans l'espérance d'y trouver un trésor ; par *Eustache* LE SUEUR. Il a été gravé par Bernard Picart : *sur toile, de 4 pieds 11 pouces de haut, sur 3 pieds 4 pouces de large.*

Au dessous, une Vierge avec l'Enfant Jesus tenant une Croix, demi-figures ; DU SCHEDON : *sur bois, de 19 pouces de haut, sur 15 pouces de large.*

Et, Jesus-Christ parlant avec la Samaritaine ; par *Benvenuto* GAROFALO. C'est une des Estampes du Recueil publié par M. Crozat : *sur bois, de 10 pouces de haut, sur 14 pouces & demi de large.*

En retournant sur ses pas, & à droite, Loth & ses Filles ; de L'ALBANE : *sur toile, de 27 pouces de haut, sur 2 pieds 5 pouces de large.*

La Sainte Famille avec l'Enfant Jesus endormi dans un Paysage, demi-figures ; par LE DOSSO de Ferrare : *sur toile, de 2 pieds & demi de haut, sur 4 pieds de large.*

Une Vierge tenant l'Enfant Jesus sur ses genoux, & accompagnée de Saint Joseph, demi-figures; par *Raphael* D'URBIN. On en trouve l'Estampe dans le Recueil de M. Crozat: *sur bois, de 27 pouces de haut, sur 21 pouces de large.*

Autre Vierge caressant l'Enfant Jesus; par LE CORREGE. Ce Tableau a été gravé par Drevet: *sur toile, de 18 pouces de haut, sur 15 pouces de large.*

Sainte Justine recevant dans le sein un coup de poignard, en présence d'un homme habillé en Turc qui paroît ordonner son Martyre, demi-figures; par *Paul* VÉRONESE: *sur toile, de 2 pieds de haut, sur 21 pouces de large.*

La Sainte Vierge tenant l'Enfant Jesus dans un Paysage, avec le petit Saint Jean & trois autres Figures, dont une tient un Livre ouvert: l'autre est un Pélerin caractérisé par son Bourdon; du Vieux PALME: *sur bois, de 2 pieds 7 pouces de haut, sur 4 pieds 1 pouce de large.*

La Sainte Vierge & l'Enfant Jesus au milieu d'une guirlande de fleurs; les figures sont de RUBENS, & les fleurs de BREUGLE DE VELOURS: *sur bois, de 2 pieds 7 pou-*

ces de haut, sur 2 pieds de large.

Un saint Évêque à genoux, adorant la Sainte Vierge qui est assise sur des nuées, & qui porte entre ses bras l'Enfant Jesus; par le MORAZONE, Peintre Milanois: *sur toile, de 17 pouces de haut, sur 13 pouces de large.*

Au dessous, la Samaritaine; par LE DOMINIQUIN: *sur cuivre, de 11 pouces & demi de haut, sur 15 pouces & demi de large.*

Premier trumeau en entrant dans la Galerie, le Portrait d'un Vieillard avec barbe & rabat, un pourpoint noir & des manches jaunes, tenant un masque; par *Antoine* MORE: *sur toile, de 2 pieds 9 pouces de haut, sur 27 pouces de large.*

La Sainte Vierge dans le Ciel, présentant l'Enfant Jesus à Saint François d'Assise; par *Pietre* DE CORTONE: *sur toile, de 2 pieds 11 pouces de haut, sur 26 pouces de large.*

Tableau allégorique, représentant la Vertu qui punit l'Oisiveté, & fait fleurir le Travail; par LE SICIOLANTE, dit SERMONETTA, Disciple de Perin del Vague. M. Crozat l'a fait graver, & l'Estampe fait partie de celles qui composent son Recueil : *sur bois , de 22 pouces de haut, sur 26 pouces de large.*

Deuxiéme trumeau, Tableau fait dans le premier âge de la Peinture, & dans lequel sont représentées deux demi-figures, dont l'une écrit dans un Livre ; par *Quentin* MESSIS, dit LE MARECHAL D'ANVERS : *sur bois, de 3 pieds & demi de haut, sur 2 pieds & demi de large.*

Judith foulant aux pieds la tête d'Holopherne ; par RAPHAEL. C'est une des Estampes du Recueil de M. Crozat : *sur bois, de 4 pieds 5 pouces de haut, sur 2 pieds 7 pouces de large.*

Troisiéme trumeau, le Portrait d'une Femme coeffée d'une Toque rouge avec une plume blanche, & vêtue d'un manteau, qui passant sur une épaule, laisse voir une partie de sa chemise ; par LE TITIEN. On en a une Estampe gravée par Pierre de Jode : *sur toile, de 2 pieds 11 pouces de haut, sur 2 pieds & demi de large.*

Quatre Enfans jouant à terre, & trois petits Amours voltigeant au dessus ; par *Nicolas* POUSSIN : *sur toile, de 2 pieds*

10 *pouces de haut, sur 2 pieds 2 pouces de large.*

Le Maſſacre des Innocens; Tableau DU SCHEDON: *ſur bois, de 17 pouces de haut, ſur 2 pieds de large.*

ANTI-CHAMBRE
DU GRAND APPARTEMENT
AU PREMIER ÉTAGE.

Sur la porte d'entrée,

TABLEAU représentant le Printems; par l'un des BASSANS: *fur toile, de 2 pieds 10 pouces de haut, fur 3 pieds 9 pouces de large.*

A droite, fur le pan coupé à côté de la cheminée, le Portrait d'un Homme avec barbe, bonnet noir & habit noir, les chausses rouges, appuyé sur une table couverte d'un tapis verd, avec une écritoire & une lettre; d'*Antoine* MORE: *fur toile, de 3 pieds 1 pouce de haut, fur 2 pieds 6 pouces de large.*

Au deffous, un Homme avec un chaperon fur la tête & un grand habit noir, les deux mains appuyées fur un Livre: portrait d'Érafme; par HOLBEINS. Il a été gravé par Luc Vorfterman: *fur bois, de 2 pieds 6 pouces de haut, fur 2 pieds de large.*

A gauche de la cheminée, le Portrait de

Jean Malderus Évêque d'Anvers; par *Antoine* VANDYCK. On en a une Estampe gravée par Hollar : *sur toile, de 3 pieds & demi de haut, sur 2 pieds 9 pouces de large.*

Au dessous, un Homme avec barbe blanche, un bonnet noir sur la tête & ayant un linge à la main; par LE TITIEN : *sur bois, de 2 pieds 9 pouces de haut, sur 2 pieds 3 pouces de large.*

Dans la face opposée à la cheminée, sur la porte, un Tableau représentant l'Automne, ou une Vendange; par l'un des BASSANS: *sur toile, de 2 pieds 10 pouces de haut, sur 3 pieds 9 pouces de large.*

A côté de la porte, près la fenêtre, un Homme peint jusqu'aux genoux, vêtu d'une veste rouge & d'une robe noire, la main appuyée sur une table couverte d'un tapis rouge : dessus la table est une Horloge; par PARIS BORDONE, ou autre Peintre de l'Ecole Vénitienne : *sur toile, de 3 pieds 10 pouces de haut, sur 3 pieds de large.*

Au dessous, l'Hiver représenté par une Campagne couverte de neige, avec figures; par l'un des BASSANS : *sur toile, de 2 pieds 10 pouces de haut, sur 3 pieds 9 pouces de large.*

De l'autre côté de la porte, une Femme peinte jusqu'aux genoux, vêtue de noir, avec une Fraise & un filet de Perles au col, tenant un mouchoir d'une main, l'autre main appuyée sur un fauteuil rouge; par un Peintre de l'Ecole Vénitienne: *sur toile, de 4 pieds de haut, sur 2 pieds 9 pouces de large.*

Au dessous, l'Été représenté par un Paysage enrichi de figures qui s'occupent d'actions champêtres, & parmi elles est un Enfant cueillant des cerises; par l'un des BASSANS: *sur toile, de 2 pieds 10 pouces de haut, sur 3 pieds 9 pouces de large.*

SECONDE PIÉCE.

A droite en entrant,

UNE Femme assise dans un fauteuil, ayant une jupe rayée de rouge & de blanc, & un manteau noir, sur un beau fond d'Architecture; c'est la premiére femme de RUBENS, peinte par son Mari: *sur toile, de 4 pieds 9 pouces de haut, sur 3 pieds 9 pouces de large.*

Au dessous, l'Entrevûe de Jacob & de Rachel; par LE MOLE. M. Crozat l'a fait graver dans son Recueil: *sur toile, de 2 pieds 3 pouces de haut, sur 3 pieds de large.*

A gauche de la porte, le Portrait d'un Bourguemestre à barbe blanche & vêtu de noir, tenant un papier, & assis dans un fauteuil, avec un fond d'Architecture; par *Jacques* JORDAENS: *sur toile, de 4 pieds 6 pouces de haut, sur 3 pieds 4 pouces de large.*

Au dessous, un Repos en Égypte: la Vierge, l'Enfant Jesus, Saint Joseph, y sont représentés avec des Anges; par LE

MOLE. On en voit l'Estampe dans le Recueil de M. Crozat : *sur toile, de 2 pieds 3 pouces de haut, sur 3 pieds de large.*

En face de la porte d'entrée, & à la gauche de celle par où l'on entre dans la Piéce suivante, le Portrait d'un Homme vêtu de noir, avec barbe, rabat & manchettes plates, assis dans un fauteuil, & caressant un gros chien; par LE TITIEN: *sur toile, de 3 pieds 10 pouces de haut, sur 3 pieds 3 pouces de large.*

Au dessous, la Providence Divine assise dans le Ciel au milieu de plusieurs figures ayant des Symboles qui servent à caractériser les divers attributs de cet Etre Divin; par *André* SACCHI, qui a peint en grand le même Sujet allégorique dans le Plafond d'une des Chambres du Palais Barberini à Rome. Il y en a une Estampe gravée par Michel Natalis : *sur toile, de 2 pieds 4 pouces de haut, sur 2 pieds 11 pouces de large.*

En tirant du côté des fenêtres, un Cardinal en rochet & camail, ayant un livre ouvert sur ses genoux; portrait du Cardinal Antoine Palavicini par LE TITIEN, qui a été gravé par Pierre de Jode : *sur toile, de 3 pieds*

10 *pouces*

10 *pouces de haut, ſur 3 pieds 3 pouces de large.*

Au deſſous, la Famille du Comte d'Arondel; par *Antoine* VANDYCK : *ſur toile, de 2 pieds 7 pouces de haut, ſur 3 pieds 3 pouces de large.*

CABINET
A LA SUITE
DE LA BIBLIOTHEQUE.
ÉCOLE FRANÇOISE.

A droite en entrant, & dans la partie la plus voisine du Plafond,

UN Ange consolant Agard & son Fils mourant ; par *Charles* DE LA FOSSE : *sur toile, de 3 pieds de haut, sur 2 pieds 3 pouces de large.*

Au dessous, Esquisse en petit d'un grand Tableau qui est dans une des Salles de l'Hôtel-de-Ville de Paris, représentant le Prévôt des Marchands & les Échevins assemblés pour ordonner les Fêtes qui se célébrerent, lorsque Louis XIV. vint souper avec sa Cour à l'Hôtel-de-Ville ; par *Nicolas* DE LARGILLIERE : *sur toile, de 2 pieds 1 pouce de haut, sur 3 pieds 1 pouce de large.*

Au dessous, & dans le milieu, trois Tableaux, dont le plus élevé représente Saint

Martin donnant ſon manteau à un Pauvre ; par PAROCEL le Pere : *ſur toile, d'un pied de haut, ſur* 10 *pouces de large.*

Au deſſous, un Payſage avec Architecture, un pont, une chûte d'eau & des figures ; par PATEL : *ſur toile, d'un pied* 2 *pouces de haut, ſur* 1 *pied* 5 *pouces de large.*

Plus bas, une Femme avec des Enfans repréſentant la Charité ; par BLANCHARD : *ſur cuivre, de* 7 *pouces de haut, ſur* 10 *pouces de large.*

Aux côtés de ces trois Tableaux, quatre Tableaux à droite, dont le premier & le plus élevé repréſente Zéphire & Flore, demi-figures ; par *Antoine* COYPEL. Il a été gravé par Benoît Audrand : *ſur cuivre, de* 11 *pouces de haut, ſur* 8 *pouces de large.*

Enſuite, une Sainte Vierge ; par *Charles* COYPEL : *ovale, ſur toile, de* 8 *pouces & demi de haut, ſur* 7 *pouces & demi de large.*

Au deſſous, un petit Tableau repréſentant une Paſtorale, avec une Femme tenant des fleurs dans ſon tablier ; par PATER : *ſur bois, de* 5 *pouces & demi de haut, ſur* 7 *pouces de large.*

Plus bas, une Bataille; par VANDER-MEULEN: *sur bois, de 4 pouces & demi de haut, sur 7 pouces de large.*

A gauche des trois Tableaux du milieu, quatre Tableaux, dont le plus élevé représente Vertumne & Pomone, demi-figures; par *Antoine* COYPEL, dont on a une Estampe par Ver-Meulen: *sur cuivre, de 11 pouces de haut, sur 8 pouces de large.*

Ensuite, un Tableau ovale représentant la Sainte Vierge, l'Enfant Jesus, Saint Joseph & Saint Jean, en demi-figures; par LUBIN BAUGIN: *sur cuivre, de 8 pouces & demi de haut, sur 6 pouces de large.*

Au dessous, un petit Tableau représentant une Pastorale, avec un Berger jouant de la flûte; par PATER: *sur bois, de 5 pouces & demi de haut, sur 8 pouces de large.*

Plus bas, une Bataille; par VANDER-MEULEN: *sur bois, de 4 pouces & demi de haut, sur 7 pouces de large.*

De l'autre côté de la porte, dans la partie la plus voisine du plafond, le Portrait d'une Femme voilée; par SANTERRE: *sur toile, de 2 pieds 7 pouces de haut, sur 2 pieds 10 pouces de large.*

Au dessous, une École d'Enfans ; par les Freres LE NAIN : *sur toile, d'un pied 10 pouces de haut, sur 2 pieds 3 pouces de large.*

Plus bas, deux Tableaux sur la même ligne : dont l'un représente l'Amour aiguisant ses flêches ; par NATOIRE : *sur toile, d'un pied 8 pouces de haut, sur un pied 4 pouces de large.*

L'autre représente l'Amour surpris dans les Champs Élisées par les Amantes infortunées, qui se vengent sur lui des tourmens qu'il leur a fait endurer ; par *Nicolas* VLEUGHELS : *sur cuivre, d'un pied 5 pouces de haut, sur un pied 1 pouce de large.*

Au dessous, deux Tableaux sur la même ligne : l'un représente la Samaritaine ; par *Pierre* MIGNARD : *sur toile, d'un pied un pouce & demi de haut, sur 1 pied 3 pouces de large.*

Et l'autre, une Blanchisseuse, & un Enfant faisant des boulles de savon ; par CHARDIN : *sur toile, d'un pied 1 pouce & demi de haut, sur 9 pouces de large.*

Au dessous, dans le milieu, Persée délivrant Andromède ; par CORNEILLE des Gobelins, Tableau rond : *ſur toile, de 9 pouces de haut, ſur 9 pouces de large.*

A côté, un Payſage avec figures ; par *Jacques* CALLOT : *ſur bois, de 4 pouces de haut, ſur 9 pouces de large.*

A gauche de la cheminée, en haut, un grand Tableau repréſentant une Femme ſur un lit avec un Enfant ; par DE TROY Fils : *ſur toile, de 4 pieds 10 pouces de haut, ſur 4 pieds 2 pouces de large.*

Au deſſous, le Triomphe de Galathée ; par *Nicolas* POUSSIN. Il a été gravé par Peſne : *ſur toile, de 3 pieds & demi de haut, ſur 4 pieds & demi de large.*

Toujours du même côté, & dans la partie ſupérieure, une Vierge avec l'Enfant Jeſus, demi-figures ; par *Simon* VOUET, dont on a une Eſtampe gravée par Daret : *ſur toile, de 3 pieds de haut, ſur 3 pieds 10 pouces de large.*

Au deſſous, la Sainte Famille dans un Payſage, avec des ruines ; par *Pierre-Paul* PUGET, célébre Sculpteur. Ce Tableau a été gravé dans le Cabinet d'Aiguilles : *ſur toile, de 3 pieds 7 pouces de haut, ſur 2 pieds 11 pouces de large.*

En bas, l'Odorat, représenté par une jeune Fille qui jette des parfums dans une cassolette, & d'autres personnes qui flairent des fleurs; par RAOUX. Il y en a une Estampe: *sur toile, d'un pied 10 pouces de haut, sur 2 pieds 3 pouces de large.*

A droite de la cheminée, en haut, le Triomphe d'Amphytrite; par BON-BOULOGNE: *sur toile, de 5 pieds de haut, sur 4 pieds 2 pouces de large.*

Au dessous, Mercure confiant aux Nymphes l'éducation de Bacchus; par *Laurent* DE LA HIRE: *sur toile, de 5 pieds 6 pouces de haut, sur 4 pieds 2 pouces de large.*

En remontant du même côté, en haut, une Femme avec un Enfant, demi-figures; par *Sebastien* BOURDON: *sur toile, de 2 pieds 4 pouces de haut, sur 1 pied 11 pouces de large.*

Au dessous, Saint Basile refusant l'offrande de l'Empereur Valens, qui dans la surprise tombe évanoui entre les bras de ses Gardes; par SUBLEYRAS. C'est une premiére pensée du grand Tableau que ce Peintre a fait pour l'Église de Saint Pierre de Rome:

ſur toile, de 4 pieds 1 pouce de haut, ſur 2 pieds 5 pouces de large.

En bas, un Tableau repréſentant le Goût: on y voit pluſieurs figures d'Hommes & de Femmes galamment vêtues, qui mangent des fruits; par RAOUX. Il a été gravé par le ſieur Moyreau: *ſur toile, d'un pied 10 pouces de haut, ſur 2 pieds 3 pouces de large.*

En face de la porte d'entrée, à gauche & en haut, une Tableau ovale repréſentant le Génie de la Peinture; par *François* LE MOYNE: *ſur toile, de 2 pieds de haut, ſur 2 pieds 5 pouces de large.*

Enſuite, la Sainte Vierge, Notre-Seigneur & des Anges; par STELLA: *ſur toile, de 2 pieds 7 pouces de haut, ſur 3 pieds 4 pouces de large.*

Au deſſous, un Payſage avec figures: on y voit une Tour carrée, & des Beſtiaux traverſant une riviere; par *Claude* LORRAIN: *ſur toile, de 2 pieds 4 pouces de haut, ſur 3 pieds 1 pouce de large.*

En bas, deux petits Tableaux: l'un repréſente une Marche de Troupes; *ſur cuivre, de 8 pouces de haut, ſur un pied de large.*

L'autre, une Halte ; tous deux par *Antoine* VATTEAU. L'un & l'autre ont été gravés dans le Recueil de M. de Julienne : *ſur cuivre, de 8 pouces de haut, ſur un pied de large.*

En face de la porte d'entrée, à droite & en haut, un Tableau ovale repréſentant le Génie de la Sculpture ; par DE TROY le fils : *ſur toile, de 2 pieds de haut, ſur 2 pieds 5 pouces de large.*

Au deſſous, une Sainte Vierge, l'Enfant Jeſus & des Anges ; par CORNEILLE des Gobelins : *ſur toile, de 2 pieds de haut, ſur 2 pieds de large.*

Enſuite, un Payſage dans lequel eſt repréſentée une Fuite en Égypte ; par *Nicolas* COLOMBEL : *ſur toile, de 2 pieds 2 pouces de haut, ſur 2 pieds 11 pouces de large.*

Plus bas, un combat de Cavalerie ; par LE BOURGUIGNON : *ſur toile, de 14 pouces de haut, ſur 22 pouces de large.*

Au deſſous, deux ſujets de l'Écriture Sainte ; Eſquiſſe de *Nicolas* LOYR : *ſur toile, de 10 pouces de haut, ſur 16 pouces de large.*

Dans le premier trumeau ſuivant, en haut,

une Femme debout devant ſon miroir, demi-figure ; par COURTIN: *ſur toile, de 2 pieds 9 pouces de haut, ſur 2 pieds 3 pouces de large.*

Au deſſous, la Purification de la Sainte Vierge ; par *Jean* JOUVENET : *ſur toile, de 2 pieds 3 pouces de haut, ſur 1 pied 8 pouces de large.*

Au deſſous, Alexandre viſitant les ruines de Troyes & pleurant ſur le tombeau d'Achille ; par *Sebaſtien* BOURDON. L'Eſtampe de ce Tableau ſe trouve dans le Cabinet d'Aiguilles : *ſur toile, d'un pied 4 pouces de haut, ſur 1 pied 8 pouces de large.*

En bas, un Payſage dans lequel eſt repréſenté Frere Luce à l'entrée de ſon Hermitage ; par *François* BOUCHER : *ſur cuivre, de 2 pieds de haut, ſur 1 pied 8 pouces de large.*

Dans le trumeau ſuivant, en haut, une Femme penſive, demi-figure ; par DE TROY le Pere. C'eſt le Portrait de ſa Femme : *ſur toile, de 3 pieds 2 pouces de haut, ſur 2 pieds 5 pouces de large.*

Au deſſous, deux Tableaux ſur la même ligne, dont l'un eſt le Martyre de Saint Barthelemi ; par *Sebaſtien* BOURDON. Il a été gravé dans le Recueil d'Eſtampes du Cabinet d'Aiguilles : *ſur toile, d'un pied* 5 *pouces de haut, ſur* 1 *pied* 1 *pouce & demi de large.*

L'autre repréſente une Paſtorale ; par FOREST : *ſur bois, d'un pied* 3 *pouces de haut, ſur* 11 *pouces de large.*

En bas, un Payſage enrichi de trois figures d'Hommes, dont un couché, l'autre debout, & le troiſiéme aſſis ; par MILLET dit FRANCISQUE : *ſur toile, d'un pied* 8 *pouces de haut, ſur* 1 *pied* 5 *pouces de large.*

APPARTEMENT
EN ENTRESOLE
DE MONSIEUR DE THIERS.

A côté de la porte, à droite en entrant,

L'ENFANT Jesus dans la Crèche adoré par les Bergers, avec une Gloire d'Anges; par *Jean* VAN-ACHEN. Ce Tableau a été gravé par Sadeler : *sur bois, de* 21 *pouces de haut, sur* 13 *pouces de large.*

L'Adoration des Mages; par *Paul* VERONESE. M. Crozat l'a fait graver & l'a publié dans son Recueil : *sur cuivre, de* 16 *pouces & demi de haut, sur* 12 *pouces & demi de large.*

Psiché considérant l'Amour endormi; par *Alexandre* VERONESE : *sur bois, de* 7 *pouces & demi de haut, sur* 9 *pouces & demi de large.*

A gauche de la porte, Danaë visitée par Jupiter transformé en pluie d'or; par *Nicolas* POUSSIN : *sur toile, de* 21 *pouces & demi de haut, sur* 28 *pouces de large.*

Au dessous, deux Tableaux de Marine, dans l'un desquels est un Homme & une Femme à cheval accompagnés d'une Vendeuse de Poissons ; par *Philippe* VOUVERMANS. Il a été gravé par le sieur Moyreau : *sur bois, de* 14 *pouces de haut, sur* 11 *pouces de large.*

Et dans l'autre, deux Batteaux chargés de Marchandises ; par *Adrien* VAN-VELDE : *sur bois, de* 15 *pouces & demi de haut, sur* 12 *pouces de large.*

Au dessous, dans le milieu, une Femme nue & couchée ; par *Antoine* VATTEAU : *sur bois, de* 7 *pouces & demi de haut, sur* 10 *pouces & demi de large.*

D'un côté, un Paysage avec une petite Figure ; par BARTHOLOMÉE : *sur bois, de* 3 *pouces & demi de haut, sur* 4 *pouces & demi de large.*

Et de l'autre, un petit Paysage, où l'on voit représentés Mercure, Argus & Io ; par *Corneille* POELEMBOURG : *sur cuivre, de* 4 *pouces de haut, sur* 5 *pouces & demi de large.*

A droite de la cheminée, Agar dans le désert avec son Fils mourant, consolée par un

Ange, demi-figures; par *André* SACCHI. L'Estampe se trouve dans le Recueil de M. Crozat : *sur toile, de 26 pouces de haut, sur 3 pieds de large.*

Au dessous, un petit Tableau représentant une Femme à sa premiere toilette, au sortir du lit; par *Antoine* VATTEAU : *sur bois, d'un pied de haut, sur 9 pouces de large.*

A côté, une vieille Femme ayant un manteau fouré & un chapeau, en Buste; par *François* MIERIS : *sur bois, de 6 pouces & demi de haut, sur 5 pouces & demi de large.*

Son pendant, un Vieillard avec une grande barbe blanche, demi-figure; par GERARD-DOW : *sur bois, de 9 pouces & demi de haut, sur 7 pouces de large.*

Au dessous, un petit Tableau représentant la porte d'un Château & des Courriers qui y arrivent; par BOTH d'Italie. Le sieur Le Bas l'a gravé : *sur cuivre, de 5 pouces de haut, sur 14 pouces de large.*

A côté, le Vieillard Saint Simeon tenant l'Enfant Jesus entre ses bras, demi-figure; par LE FETI : *sur bois, de 6 pouces & demi.*

Pour pendant, un Homme vêtu de noir;

Portrait de *Paul* VERONESE, de sa main.

A gauche de la cheminée, Saint Joseph recevant l'Enfant Jesus des mains de la Sainte Vierge dans un Paysage ; par PARIS BORDONE: *sur bois, de 2 pieds de haut, sur 2 pieds 10 pouces de large.*

Au dessous, dans le milieu, une Danaë; par RUBENS: *sur bois, d'un pied de haut, sur 9 pouces de large.*

A côté, deux petits Portraits, dont celui d'un jeune homme avec une chevelure frisée ; par REMBRANDT : *sur bois, de 7 pouces & demi de haut, sur 6 pouces & demi de large.*

L'autre, un Vieillard avec un colet & la tête rasée ; par GERARD DOW : *sur bois, de 6 pouces & demi de haut, sur 5 pouces & demi de large.*

Plus bas, & dans le milieu, un Hiver ; par BOTH d'Italie : *sur cuivre, de 5 pouces de haut, sur 14 pouces de large.*

A côté, un Hermite lisant, demi-figure ; par GERARD-DOW : *sur bois, de 8 pouces & demi de haut, sur 7 pouces & demi de large.*

Son pendant, le Buste d'un jeune Homme

me en veste de bufle & avec une fraise; par un bon Maître Italien : *sur bois , de 5 pouces de haut, sur 4 pouces de large.*

Dans le trumeau près de la fenêtre, Abraham congédiant Agar à la sollicitation de Sara; par *Pierre-Paul* RUBENS : *sur bois, de 21 pouces de haut, sur 28 pouces de large.*

Au dessous, deux Tableaux, dont une Femme avec une fourure d'hermine tenant un papier de Musique, & ayant près d'elle un jeune Homme jouant du violon, demi-figures; par *Gabriel* METZU : *sur bois, d'un pied de haut , sur 10 pouces de large.*

A côté, un Soldat présentant de l'argent à une Femme qui tient un pot de Bierre & un verre à boire, demi-figures; par TERBOURG : *sur bois, de 11 pouces & demi de haut, sur 10 pouces de large.*

Au dessous , dans le milieu , des Personnages en Masque se préparant pour le Bal, demi-figures; par *Antoine* VATTEAU. Il y en a l'Estampe gravée par Thomassin : *sur bois, de 7 pouces de haut, sur 9 pouces de large.*

Des deux côtés de ce Tableau , deux

Paysages avec ruines & troupeaux, dans l'un desquels est un Homme, & une Femme sur le devant; par HOET, Disciple de Corneille Poëlembourg : *sur cuivre, de 4 pouces & demi de haut, sur 6 pouces de large.*

Et dans l'autre est une Femme avec des Chevres; par le même HOET: *sur cuivre, de 4 pouces de haut, sur 6 pouces de large.*

CABINET

DE TRAVAIL.

A gauche de la porte d'entrée, à droite de la Niche & dans la partie supérieure,

UN Tableau dans lequel sont deux demi-figures, dont un Vieillard vêtu de blanc ayant à la main un gobelet plein de Bierre; par *Adrien* BRAUR : *sur bois, de* 11 *pouces de haut, sur* 9 *pouces de large.*

Au dessous, un Homme se faisant la barbe, demi-figure; par SCALK : *sur bois, de* 9 *pouces & demi de haut, sur* 7 *pouces de large.*

Plus bas, un Paysage, avec une Femme sur un cheval blanc parlant à un Homme à pied tenant son cheval, & une Meute de chiens; par VAUVERMANS : *sur bois, de* 11 *pouces de haut, sur* 15 *pouces de large.*

A gauche de la Niche, commençant par le haut, un Homme en chemise soufflant dans un cornet, & ayant près de lui un petit Garçon, demi-figures; par *Adrien* VAN-OSTADE. Ce Peintre en a donné lui-même une Estampe : *sur bois, de* 11 *pouces de haut, sur* 9 *pouces de large.*

Au dessous, un petit Garçon & une petite Fille tenant un pot à moineaux, demi-figures ; par MIERIS : *sur bois, de* 9 *pouces de haut, sur* 7 *pouces de large.*

Plus bas, un Paysage avec un Homme sur un cheval blanc, une Femme à côté de lui sur un cheval bai, des Pélerins & des chiens ; par *Philippe* VAUVERMANS : *sur bois, de* 11 *pouces de haut, sur* 15 *pouces de large.*

En face de la Niche, & près de la fenêtre, une Femme qui paroît une Couturiere, ayant une draperie de pourpre, un tablier bleu & un mantelet blanc, demi-figure ; par un Maître Italien : *sur bois, de* 13 *pouces & demi de haut, sur* 11 *pouces & demi de large.*

Au dessous, un Paysage avec Figures : sur le devant un Homme en capote rouge, une Femme à côté & un Turc ; par *Nicolas* BERGHEM : *sur bois, de* 11 *pouces & demi de haut, sur* 15 *pouces de large.*

Plus bas, un Départ de Chasse : on y voit une Femme ayant un jupon jaune & une robe bleue ; par *Philippe* VAUVERMANS :

ſur bois, de 13 *pouces & demi de haut, ſur* 13 *pouces de large.*

A droite de la porte, l'Ange apparoiſſant aux Maries & leur annonçant la Réſurrection du Sauveur; par ROMANELLE : *ſur cuivre, de* 17 *pouces & demi de haut, ſur* 13 *pouces de large.*

Au deſſous, un Payſage ou Marine : ſur le devant eſt une Femme aſſiſe ſur un cheval blanc tenant un oiſeau, & parlant à un Homme couvert d'un manteau rouge; par *Nicolas* BERGHEM : *ſur bois, de* 11 *pouces & demi de haut, ſur* 15 *pouces de large.*

Plus bas, un Payſage avec Figures, ſur le devant un Homme chargeant de ſable un Tombereau attellé d'un cheval; par *Philippe* VAUVERMANS. Il y en a l'Eſtampe gravée par le ſieur Moyreau : *ſur bois, de* 13 *pouces de haut, ſur* 11 *pouces & demi de large.*

PETIT SALON.

A droite en entrant,

LE Portrait de Madame la Duchesse de Broglio; par le sieur TOCQUÉ: *sur toile, de* 23 *pouces de haut, sur* 19 *pouces de large.*

Au dessous, un petit Paysage en forme ronde, sur le devant duquel est un Batteau sur une riviere, & dans le fond une tour & des bâtimens; par LE GOFFREDE, imitateur de la maniére de peindre d'Adam Elsheimer: *sur bois, de* 6 *pouces de haut, sur* 6 *pouces de large.*

Deux Tableaux accompagnant celui-ci; l'un est une Minerve en pied: *sur bois, de* 10 *pouces de haut, sur* 6 *pouces de large.*

Et l'autre, une Diane aussi en pied; & tous deux sont des Esquisses de *Paul* VÉRONESE: *sur bois, de* 10 *pouces de haut, sur* 6 *pouces de large.*

A gauche de la porte, le Portrait de Madame la Comtesse de Béthune; par le sieur TOCQUÉ: *sur toile, de* 23 *pouces de haut, sur* 19 *pouces de large.*

Au dessous, deux petits Tableaux : l'un représente l'Ange & Tobie, & est en ovale ; il est de *Philippe* LAUR : *sur cuivre, de 5 pouces de haut, sur 4 pouces & demi de large.*

Dans l'autre, on voit le corps de Sainte Rose de Viterbe, de l'Ordre de Saint Dominique, honoré après sa mort par des personnes pieuses, en faveur desquelles elle fait un Miracle ; par *Dominique-Marie* VIANI de Bologne : *sur cuivre, de 5 pouces 8 lignes de haut, sur 8 pouces 3 lignes de large.*

Sur une Armoire en treillage de fil de laiton, cinq Têtes au pastel couvertes de glaces ; par LA ROSALBA.

Sur la porte, près de la fenêtre, une Vieille qui s'endort sur son métier, demi-figure ; par GERARD-DOW : *sur toile, de 7 pouces de haut, sur 5 pouces & demi de large.*

Au dessous, un Paysage avec une tour carrée : sur le devant une Femme vêtue de rouge avec un tablier bleu, un Homme enveloppé d'un manteau, des Vaches & une Chevre ; par *Nicolas* BERGHEM : *sur cuivre, de 8 pouces & demi de haut, sur* 11 *pouces de large.*

A la droite du trumeau, une Femme tenant un Biſcuit ſur une aſſiette ; par *François* MIERIS : *ſur bois, de 7 pouces de haut, ſur 5 pouces & demi de large.*

Au deſſous, un Payſage, avec une Femme vêtue de bleu montée ſur un âne, & un Vieillard à pied vêtu de rouge conduiſant des Vaches & des Moutons ; par *Nicolas* BERGHEM : *ſur cuivre, de 8 pouces & demi de haut, ſur* 11 *pouces de large.*

PETITE GALERIE.

On y trouve en entrant à droite,

UNE Tête de Femme de profil, pastel; de LA ROSALBA : *de* 11 *pouces & demi de haut, sur 9 pouces de large.*

Et, les quatre Saisons représentées par autant de demi-figures de Femmes qui en portent les attributs; aussi en pastel, & par la même ROSALBA : *tous les quatre de 9 pouces de haut, sur 7 pouces de large.*

De l'autre côté, vis-à-vis, un Portrait de profil au pastel; par LA ROSALBA : *de* 17 *pouces de haut, sur* 11 *pouces de large.*

Et au dessous, plusieurs petits Tableaux accrochés à un treillage de fil de laiton, dont les principaux sont, un Emblême sur la nécessité du travail, figurée par une Femme qui tient un fouet, & qui est entre les bras d'un Homme ayant à ses pieds un marteau & des cloux.

Un Sujet de Sainte Famille.

Une Tentation de Saint Antoine.

Le portrait de Langlois dit Ciatris, peint par VANDYCK.

Et d'autres petits Portraits, au milieu desquels est placé celui de Madame la Comtesse d'Evreux, pastel sous glace; par LA ROSALBA: *de* 23 *pouces de haut, sur* 18 *pouces de large.*

Près de la fenêtre, à la droite, une Vierge au pastel; de LA ROSALBA: *de* 16 *pouces de haut, sur* 13 *pouces de large.*

La Bataille d'Arbelle, où Darius fut défait par Alexandre; Peinture *à guazzo* d'après un Éleve de *Pietre* de Cortone: *de* 8 *pouces de haut, sur* 12 *pouces de large;*

Au milieu, deux Tableaux en mignature, représentant, l'un Vénus fouettant l'Amour, & l'autre un Satyre terrassé par l'Amour.

Au dessous, un Tableau fond de Velours, cadre de bronze, sur lequel sont accrochés treize petits Tableaux, dont cinq sont des Sujets, & les huit autres des Portraits, les uns peints en émail & les autres en mignatures; par divers Maîtres.

A draite & à gauche de ce Tableau, sont

divers petits Tableaux, Portraits & autres, entre lequels est un petit Paysage; peint par LE BREUGHEL DE VELOURS.

Vis-à-vis, à côté de la fenêtre, le Portrait d'un Homme à longue barbe blanche, & ayant sur la tête une calotte rouge, peint à détrempe sur une gaze; par *Albert* DURER: *de* 14 *pouces de haut, sur* 10 *pouces de large.*

Et onze petits Tableaux accrochés à un treillage de fil de laiton, Portraits, Paysages, & autres Sujets, dont les principaux sont l'Enlevement des Sabines, peint *à guazzo*, par *Guillaume* BAUR.

Une fuite en Egypte; par ADAM ELSHEIMER.

Et une Flore peinte en mignature; par *Joseph* VERNER.

ENTRESOLES
DE LA MAISON OCCUPÉE
PAR
M. LE DUC DE BROGLIO.

ÉCOLE DE FLANDRE.

Dans la premiere Piéce, au dessus de la Porte,

JOSUÉ arrêtant le Soleil; par *André* SCHIAVON: *sur bois, de* 11 *pouces de haut, sur* 2 *pieds de large.*

A droite en entrant, & suivant la ligne des Tableaux qui sont les plus proches du Plafond, une Marine avec quelques Bâtimens de Pêcheurs, & sur terre plusieurs Pêcheurs qui déchargent du Poisson; par *David* TENIERS: *sur toile, de* 17 *pouces de haut, sur* 22 *pouces de large.*

Le Portrait d'une Femme blonde vêtue de noir, ayant une fraise autour du col; par *Pierre-Paul* RUBENS: *sur bois, de* 23 *pouces de haut, sur* 17 *pouces de large.*

Un Hiver : ſur le devant ſont repréſentés des Payſans qui tuent un porc ; par *David* TENIERS : *ſur toile, de 17 pouces de haut, ſur 22 pouces de large.*

Le Paſſage de la Mer Rouge ; par *André* SCHIAVON : *ſur bois, de 11 pouces de haut, ſur 2 pieds de large.*

Au deſſous, ſont des Payſans qui danſent au ſon d'une cornemuſe ; par *Jean* MIEL : *ſur bois, de 16 pouces de haut, ſur 1 pied de large.*

Un Payſage ſur le devant duquel eſt repréſentée une Sainte Famille, & ſur le ſecond plan un Bocage traverſé par un chariot attellé de quatre chevaux ; par LE BREUGHEL DE VELOURS : *ſur bois, de 9 pouces de haut, ſur 13 pouces de large.*

En retournant du même côté, & allant droit à la fenêtre, la vûe d'un Château accompagné de ſon Jardin, ſur le bord d'un Canal où l'on voit des Figures qui ſe promènent dans une Gondole ; par VANDER-HEYDEN, & les Figures par *Adrien* VAN-VELDE : *ſur bois, de 17 pouces de haut, ſur 21 pouces de large.*

La Parabole du Fermier qui paye également

ment les Journaliers qu'il a employés, sans égard au tems qu'ils ont travaillé ; par REMBRANDT: *sur bois, de 11 pouces de haut, sur 15 pouces de large.*

La Vûe d'un Château des Pays-Bas & de son Jardin : sur le devant est un Homme debout regardant des Femmes qui proménent un Enfant ; par VANDER-HEYDEN : *sur bois, de 16 pouces de haut, sur 22 pouces de large.*

Sur la porte, est un Bois planté de grands arbres, & à l'entrée duquel sont des Bohémiennes, dont une dit la Bonne-aventure à un Paysan ; le Paysage est de *Luc* VAN-UDEN, & les Figures de *David* TENIERS : *sur bois, de 19 pouces de haut, sur 15 pouces de large.*

Sur la même porte, & au dessous, Tobie accompagné de l'Ange ; par PINAS, Disciple d'Elsheimer : *sur bois, de 9 pouces de haut, sur 10 pouces de large.*

A gauche de la fenêtre, le portrait d'un jeune Homme avec un manteau fouré, une Toque noire & des cheveux courts ; par *Jean* HOLBEIN : *sur bois, de 18 pouces de haut, sur 15 pouces de large.*

Au dessous, un Paysage avec de gros arbres : ſur le devant eſt un Homme ſuivi d'un chien ; par RUYSDAEL : *ſur bois, de 13 pouces de haut, ſur 17 pouces de large.*

Plus bas, un Payſage, où l'on remarque deux Maiſons & quelques Payſans ; par *David* TENIERS : *ſur bois, de 8 pouces de haut, ſur 6 pouces de large.*

Dans le trumeau, à droite de la fenêtre, le Portrait d'une Femme ayant ſur la tête une eſpéce de raizeau, avec une Collerette & une chaîne au col ; par *Jean* HOLBEIN : *ſur bois, de 18 pouces de haut, ſur 15 pouces de large.*

Un Payſage qui ſe diſtingue par une mazure, de vieux arbres caſſés, & un Homme ſur le devant qui pêche à la ligne ; par RUYSDAEL : *ſur bois, de 13 pouces de haut, ſur 17 pouces de large.*

Un Payſage dans lequel eſt une Maiſon avec une Barricade ſur le devant, une Femme & deux Hommes en converſation ; par *David* TENIERS : *ſur bois, de 8 pouces de haut, ſur 6 pouces de large.*

Dans le milieu de la partie ceintrée, le Portrait d'un Homme vêtu de noir, avec un bonnet, & une chaîne au col ; par REM-

BRANDT : *ſur bois, de 13 pouces de haut, ſur 10 pouces de large.*

Au deſſous, une Femme tirant des Vaches, & un Homme debout; par *Paul* POTTER : *ſur bois, de 18 pouces de haut, ſur 14 pouces de large.*

A gauche de la partie ceintrée, près de la fenêtre, une Bataille : Tableau en largeur arrondi par les coins; par *Philippe* NAPOLITAIN : *ſur toile, de 11 pouces de haut, ſur 29 pouces de large.*

Une Bataille connue ſous le nom *du Moulin Brûlé*; par *Philippe* VAUVERMANS. Il a été gravé par le ſieur Moyreau : *ſur bois, de 20 pouces de haut, ſur 2 pieds 5 pouces de large.*

Au deſſous, deux Tableaux, dont l'un repréſente des Payſans qui ſe battent, & un troiſiéme qui veut tirer un Sabre; par *Adrien* BRAUR : *ſur bois, de 9 pouces de haut, ſur 12 pouces de large.*

L'autre eſt la vûe de la ville de Bruxelles dans le lointain, & ſur le devant deux Payſans debout & un aſſis; par *David* TENIERS : *ſur bois, de 9 pouces de haut, ſur 14 pouces de large.*

A droite de la partie ceintrée, une Bataille; par *Philippe* NAPOLITAIN : *ſur toile, de* 11 *pouces de haut, ſur* 29 *pouces de large.*

Au deſſous, un Départ pour la Chaſſe à l'Oiſeau; par *Philippe* VAUVERMANS. Le ſieur Moyreau en a donné une Eſtampe : *ſur toile, de* 20 *pouces de haut, ſur* 29 *pouces de large.*

Et deux petits Tableaux: l'un eſt un Payſage; par *David* TENIERS : *ſur bois, de* 7 *pouces de haut, ſur* 9 *pouces de large.*

L'autre, un Payſage, où eſt ſur le devant un Homme à moitié nu, & une Femme vêtue de bleu conduiſant des Troupeaux; par BARTHOLOMÉE BREMBERGH : *ſur bois, de* 7 *pouces de haut, ſur* 10 *pouces de large.*

Vis-à-vis de la fenêtre, à droite de la cheminée, une Femme en demi-figure, vêtue d'une robe doublée de fourure, & s'occupant du compte de ſon argent; par *David* TENIERS, dans la maniére de Rembrandt : *ſur toile, de* 22 *pouces de haut, ſur* 18 *pouces de large.*

Au deſſous, une Bataille: une des principales Figures eſt un Homme avec une écharpe rouge monté ſur un cheval blanc, ayant le piſtolet à la main; par *Philippe* VAUVERMANS : *ſur bois, d'un pied de haut, ſur* 17 *pouces de large.*

A gauche de la cheminée, le Portrait d'un Vieillard vêtu d'une robe fourée, ayant les mains dans un manchon, demi-figure; par *David* TENIERS, dans la maniére de Rembrandt : *ſur toile, de* 21 *pouces de haut, ſur* 18 *pouces de large.*

Au deſſous, un Tableau repréſentant un Campement : ſur le devant eſt un Officier avec une écharpe rouge, qui careſſe une Vivandiére; par *Philippe* VAUVERMANS : *ſur bois, d'un pied de haut, ſur* 17 *pouces de large.*

SECONDE PIÉCE
DE LA MEME
ENTRESOLE.

ÉCOLE DE FLANDRE.

En face de la porte,

UN grand Tableau qui formoit autrefois un Oratoire, & qui repréſente la Guériſon de l'Aveugle-né; par *Lucas* DE LEYDEN: *ſur bois, de 3 pieds 5 pouces de haut, ſur 4 pieds & demi de large.*

En face de la cheminée, un Payſage connu ſous le nom de l'Abbreuvoir, par ce qu'on y remarque un Homme monté ſur un cheval blanc qu'il mene boire; par *Philippe* VAUVERMANS: *ſur toile, de 2 pieds de haut, ſur 18 pouces de large.*

Au deſſous, deux Tableaux, dont l'un repréſente Cerès cherchant pendant la nuit ſa fille Proſerpine; par ADAM ELSHEIMER: *ſur cuivre, de 6 pouces de haut, ſur 9 pouces de large.*

L'autre eſt une Bataille, où eſt ſur le devant

un Homme le pistolet à la main, ayant une écharpe rouge, monté sur un cheval blanc; par *Philippe* VAUVERMANS : *sur bois, de 6 pouces de haut, sur 8 pouces & demi de large.*

A gauche du Tableau représentant l'Abbreuvoir, une Pastorale, sur le devant de laquelle on voit des Vaches, des Chevres & des Moutons, avec deux Femmes, dont l'une est à pied & l'autre montée sur un âne; par *Nicolas* BERGHEM : *sur bois, de 20 pouces de haut, sur 25 pouces de large.*

Au dessous, l'Adoration des Rois, Dessein colorié; par *Pierre-Paul* RUBENS. Il est sous glace, & a été gravé par Conrad Lauvers: *de 23 pouces de haut, sur 18 pouces de large.*

Et dans le côté opposé, un Paysage avec Arbres & Rochers, & quelques Moutons; par *Paul* BRIL : *sur bois, de 21 pouces de haut, sur 27 pouces de large.*

Au dessous, une Femme en coëffe noire, ayant un juste couleur de citron, une jupe blanche, & à côté d'elle un Paysan, demi-figures; par *Gabriel* METZU : *sur bois, de 20 pouces de haut, sur 17 pouces & demi de large.*

En face de la fenêtre, dans le renfoncement d'une Niche, un Paysage avec ruines : sur le devant est l'Ange & Tobie ; par BARTHOLOMÉE : *sur bois, de* 15 *pouces de haut, sur* 11 *pouces de large.*

Aux côtés, deux Paysages ; par *Corneille* POELEMBOURG : *tous deux de 7 pouces & demi de haut, sur bois, sur 9 pouces & demi de large.*

Et au dessous, une fort jolie copie en petit d'un Tableau de Sainte Famille peint par RAPHAEL, qui est au Palais Royal : *sur bois, d'un pied de haut, sur* 10 *pouces & demi de large.*

A droite dans la même Niche, une Femme malade à qui un Médecin tâte le pouls ; par *Jean* STEEN : *sur bois, de* 22 *pouces de haut, sur* 17 *pouces & demi de large.*

A gauche, une Femme tenant un verre & un pot, & étant en la compagnie d'un Cavalier qui lui présente de l'argent ; par TERBURGH : *sur toile, de* 2 *pieds de haut, sur* 22 *pouces de large.*

A droite de la Niche, en dehors, dans la partie supérieure, un Tableau représentant des Jeux d'Enfans : *sur toile, de 9 pouces de haut, sur* 22 *pouces de large.*

Au dessous, Notre-Seigneur conduit au Calvaire; par *Albert* DURER : *sur bois, de* 14 *pouces de haut, sur* 10 *pouces de large.*

Et plus bas, un Paysage représentant des Paysans qui se divertissent, & un Homme & une Femme ayant les mains dans son manchon, qui les regardent; par *Philippe* VAUVERMANS, dans la maniére de Bamboche : *sur bois, de* 13 *pouces de haut, sur* 15 *pouces & demi de large.*

L'Ange conduisant le jeune Tobie dans son voyage; par ADAM ELSHEIMER. Il a été gravé de la même grandeur par le Comte Goudl : *sur cuivre, de* 4 *pouces de haut, sur* 6 *pouces de large.*

A gauche de la Niche, & au dessus d'une porte, des Jeux d'Enfans : *sur toile, de* 9 *pouces de haut, sur* 22 *pouces de large.*

Au dessous, le Portrait du sieur *Adrien* VANDERVERFF, peint par lui-même. Il s'y est représenté assis devant son chevalet, & se mettant en devoir de peindre : *sur bois, de* 14 *p. de haut, sur* 10 *p. & demi de large.*

Au dessous, un Tableau représentant Saint Paul conduit à Damas après son aveuglement; par *Lucas* DE LEYDEN. Il y en a une Eſtampe gravée par ce Peintre même : *ſur bois, d'un pied de haut, ſur 16 pouces de large.*

Plus bas, un Payſage repréſentant ſur le devant des Chevaux en pâture ; par *Philippe* VAUVERMANS : *ſur bois, de 4 pouces de haut, ſur 6 pouces de large.*

A côté de cette porte, l'Enfant Jeſus dans la Crèche adoré par les Anges & par les Paſteurs ; Tableau peint par ROTHENHAMER : *ſur cuivre, de 20 pouces de haut, ſur 14 pouces de large.*

Au deſſous, une Tabagie : ſur le devant eſt un Payſan avec une veſte bleue & un tablier ; par *Adrien* VAN-OSTADE : *ſur bois, de 11 pouces de haut, ſur 15 pouces de large.*

Au deſſous, deux petits Tableaux, dont l'un repréſente des Ruines & de l'Architecture ; par LE SALUZZI : *ſur cuivre, de 3 pouces & demi de haut, ſur 8 pouces de large.*

Et l'autre, un Payſage avec un pont ; par BARTHOLOMÉE : *ſur bois, de 4 pouces de haut, ſur 8 pouces de large*

A gauche, en regardant la cheminée, un

Tableau repréſentant un Homme courant ſur un cheval blanc, & un Palfrenier auſſi à cheval tenant en main un cheval blanc, connu ſous le nom du *Manége ;* par *Philippe* VAUVERMANS : *ſur bois, de 17 pouces de haut, ſur 18 pouces de large.*

Au deſſous, la vûe de l'intérieur d'une Égliſe où l'on célébre la Meſſe ; par *Henri* STENUYX : *ſur bois, de 9 pouces de haut, ſur 12 pouces de large.*

Plus bas, une Femme malade à qui on tâte le pouls, demi-figure ; par MIERIS le fils : *ſur bois, de 8 pouces & demi de haut, ſur 7 pouces de large.*

A droite, en regardant la cheminée, un Payſage repréſentant un Abbreuvoir : ſur le devant eſt un Homme vêtu de rouge, monté ſur un cheval blanc ; par *Philippe* VAUVERMANS : *ſur toile, de 18 pouces de haut, ſur 19 pouces de large.*

Au deſſous, un Payſage en forme ovale, ſur le devant duquel eſt une charette attelée de Bœufs, & un âne qu'on veut faire paſſer ſur un petit pont ; par BARTHOLOMÉE : *ſur cuivre, de 8 pouces & demi de haut, ſur 11 pouces de large.*

Plus bas, une Vieille avec des lunettes ſur

le nez, tenant un Livre ouvert ſur ſes genoux; par *Pierre* VAN-BOSCHER: *ſur bois, de 9 pouces de haut, ſur 8 pouces de large.*

A gauche, & près de la fenêtre, un Tableau repréſentant des Hommes & des Femmes à table, & des gens qui ſe battent; par un vieux Maître Flamand: *ſur bois, de 12 pouces de haut, ſur 17 pouces de large.*

Au deſſous, des Hommes & des Femmes qui ſe divertiſſent; Tableau de *Philippe* VAUVERMANS, dans la maniére de Bamboche: *ſur bois, de 11 pouces & demi de haut, ſur 9 pouces de large.*

Plus bas, un Tableau repréſentant une Femme tenant un papier, & deux Hommes avec des inſtrumens de Muſique; par *Adrien* VAN-OSTADE: *ſur bois, de 13 pouces & demi de haut, ſur 11 pouces & demi de large.*

A droite & près de la fenêtre, une Salle de Cabaret; par *Jean* STEEN: *ſur bois, de 13 pouces de haut, ſur 16 pouces de large.*

Au deſſous, un Tableau allégorique, repréſentant un Homme & une Femme couchés enſemble, ſe réveillant avec ſurpriſe à l'aſpect de la Mort & du Diable qui paroiſſent au pied de leur lit; par *Adrien* VAN-

DERVERFF : *ſur cuivre, de 10 pouces & demi de haut, ſur 13 pouces de large.*

Plus bas, un Laboratoire de Chymie ; par *Thomas* WYCK : *ſur bois, de 13 pouces de haut, ſur 11 pouces de large.*

TABLEAUX

Qui n'ont pas de place fixe dans les Appartemens.

L'INTÉRIEUR de la Sainte Vierge; par LE GUIDE: *sur toile, de 23 pouces de haut, sur 19 pouces de large.*

Tobie recouvrant la vûe; par *Carlo* LOTTI: *sur toile, de 4 pieds 6 pouces de haut, sur 6 pieds 10 pouces de large.*

Suzanne entre les deux Vieillards; par *Sebastien* RICCI: *sur toile, de 4 pieds 3 pouces de haut, sur 5 pieds 3 pouces de large.*

Portrait d'un Homme vêtu de noir, tenant un gand d'une main, & de l'autre un papier sur une Table couverte d'un tapis; École de RUBENS: *sur toile, de 3 pieds 10 pouces de haut, sur 2 pieds 8 pouces de large.*

L'Apothéose d'Hercule; par *André* SCHIAVON: *sur bois, de 3 pieds 3 pouces de haut, sur 3 pieds 10 pouces de large.*

Mars & Vénus avec des Amours; par *Luca* GIORDANO Napolitain: *sur toile, de 5 pieds 9 pouces de haut, sur 4 pieds 7 pouces de large.*

Un Sacrifice à l'Antique; par SALVIATI:

ſur bois, de 3 pieds 4 pouces de haut, ſur 4 pieds 4 pouces de large.

Le Jugement de Paris; par le Cavalier LIBERI: *ſur toile, de 5 pieds 6 pouces de haut, ſur 6 pieds 5 pouces de large.*

Bain de Diane; par le Cavalier LIBERI: *ſur toile, de 6 pieds 4 pouces de haut, ſur 8 pieds 5 pouces de large.*

Saint Martin; par l'un des BASSANS: *ſur toile, de 5 pieds 1 pouce de haut, ſur 3 pieds 5 pouces de large.*

La Femme Adultére; par *Luca* GIORDANO Napolitain: *ſur toile, de 7 pieds 4 pouces de haut, ſur 6 pieds 8 p. de large.*

La Juſtice couronnée par un Génie, & une Femme qui brûle des armes; par LE GUERCHIN: *ſur toile, de 5 pieds 11 pouces de haut, ſur 4 pieds 10 pouces de large.*

Un Tableau repréſentant une Boutique de Poiſſons; par SENEYDER: *ſur toile, de 3 pieds 8 pouces de haut, ſur 7 pieds de large.*

Le même Sujet du même Auteur, avec un Matelot; peint par un Éleve de Rubens: *ſur toile, de 8 pieds 6 pouces de haut, ſur 10 pieds 6 pouces de large.*

FIN.

www.ingramcontent.com/pod-product-compliance
Ingram Content Group UK Ltd.
Pitfield, Milton Keynes, MK11 3LW, UK
UKHW031927260826
14628UKWH00003B/1459

9 782329 372952